नज़्मगाह

वीर - द - शायरा

BookLeaf Publishing
India | USA | UK

Made with ❤ on the BookLeaf Publishing Platform
www.bookleafpub.in
www.bookleafpub.com

Dedication

"नज़्मगाह" समर्पित है उन तमाम रूहों को जिनके लिए शायरी महज़ एक तुकबन्दी नहीं, बल्कि एक सुकून है, जो लफ़्ज़ों को दिल से लगाते हैं, जो भीड़ में भी तन्हा हैं, जिनकी खामोशी को लफ़्ज़ ब्यान नहीं कर पाते, नज़्मगाह हर उस टूटे दिल और नम आँखों के नाम जो उदासी में कभी शायरी पढ़ लेते है।

"कलम जब भी रोई, एक नज़्म बन गई,
*कागज़ ने उसे पनाह दी, **नज़्मगाह** बन गई"*

"नज़्मगाह" में आपका स्वागत है यहाँ आप अकेले नहीं हैं।

Preface

“नज़्मगाह” महज़ एक शायरी संग्रह नहीं बल्कि इसमें ज़िंदगी के कई रंग, जीत, हार, खामोशी, इंतज़ार और मोहब्बत है। इसमें दर्द भी है और दर्द से लड़ने का हौंसला भी। वो तमाम लम्हे जिन्होंने मुझे टूटना, गिरना और सँभलना सिखाया, मुझे वो ख्याल दिए जिन्हें मैं पन्नो पे उतार पायी। मैं कोई बड़ी शायरा तो नहीं फिर भी एक कोशिश ख्यालों को शायरी की माला में पिरोने की। जब आप पंक्तियों को पढ़ेंगे तो आपको लगेगा की यह सिर्फ मेरे नहीं आपके भी ख़्याल हैं।

पढ़िए और महसूस कीजिए।

Acknowledgements

शुक्रगुज़ार हूँ, ज़िन्दगी के उन तमाम रंगों का जिन्होंने मुझसे कलम उठवायी, और अनजाने में मुझे शायरा बना दिया, शुक्रिया अदा करना चाहती हूँ, अपने प्रिय पतिदेव **"दीपांशु चावला"** जी का जिन्होंने मेरा साथ दिया, जब - जब मेरी कलम थमी उन्होंने मुझे आगे बढ़ने का हौंसला दिया।

शुक्रगुज़ार हूँ उन सभी पाठको और शायरी प्रेमियों का जिनके बिना ये शब्द महज़ पन्नो पर स्याही बनकर रह जाते।

शुक्रिया अदा करती हूँ मेरी किताब के प्रकाशक और उनकी टीम का जिन्होंने मेरी किताब को ख़ूबसूरती से संजोया।।।

धन्यवाद ! इस छोटे से सफ़र का हिस्सा बनने के लिए।

1. तू ही बता

तू ही बता मैं क्या लिखूँ ?
खुशनुमा सा क़िस्सा कोई, या दर्द भरी कोई दास्ताँ,

लिख दूँ तुझे अनजान सा कोई
या तेरा मुझसे कोई वास्ता,

तू ही बता मैं क्या लिखू ?

जो है पीछे ख़ामोशी के,
लिख दूँ फिर उस शोर को मैं,
लिखू काले घने अँधेरे को,
या दूर दिख रही भोर को मैं,

तू ही बता मैं क्या लिखू ?

ये ख़वाब, जज़्बात या उम्मीदें,
या लिख दूँ ग़मों का कोई कारवां,

तू ही बता मैं क्या लिखूँ ?
खुशनुमा सा क़िस्सा कोई या दर्द भरी कोई दास्ताँ।

2. तरकश

क्यूँ नैनो के तरकश हम पर चलाते हो,

नाज़ुक सा दिल है ये,
छलनी हो जाएगा,

इक बेगुनाह के क़त्ल का, इल्ज़ाम तुमपे आएगा,
क्या दोगे सफ़ाई ज़माने को फिर तुम,

क्यूँकि देने गवाही फिर हक़ में तुम्हारे,
ये उड़ चुका परिंदा लौट नहीं पाएगा ।।।

3. दस्तक

दे कर दस्तक दिल पे मेरे,
कहते हो... हम है तेरे,

ज़ज़्बातो को आवाज़ लगा कर,
चुपके से तुम झाँक के अंदर,
अपना कोना ढूँढ रहे हो ?

मिल जाए तो बताना मुझे भी,
क्यूँकि !
ये लुट चुका है टूट चुका है ,
गौर से अंदर देखो तो,

शमशानों सी हालत इसकी
जैसे कोई खंडर,
ये है... मेरे दिल का मंज़र,

रह लोगे सन्नाटे में ?
सह लोगे ये अंधेरे ?
दे कर दस्तक दिल पे मेरे
कहते हो हम हैं तेरे ।।।

4. ज़िन्दगी मेरी

कोई अधूरी सी बात है, काली घनी रात है,

कोई टूटा सा ख़्वाब हो जैसे,
कोई सहमी सी आवाज़ हो जैसे,

ना जीने का कोई ज़रिया,
ना ही कोई जज़्बात है,

ज़िन्दगी मेरी...
कोई अधूरी से बात है ।।।

5. तुमने कहा "मोहब्बत"

तुमने कहा "मोहब्बत" यानी...
इस दुनियाँ से मन भर चुका है ?

निकले हो जिस राह पर तुम,
वो सबको तबाह कर चुका है,

चलेंगी साँसे दिखोगे ज़िंदा,
ना होगी ख़बर ज़माने को, ये शक्स किसी पे मर चुका है,

सच है ये... आग का दरिया,
सुन लो फिर चाहे किस्से तुम,
लैला मजनू, हीर रांझा, या फिर मिर्ज़ा साहिबा,
ये सबको ख़ाक कर चुका है,

तुमने कहा "मोहब्बत" यानी...
इस दुनिया से मन भर चुका है?

6. बर्बाद

ना पूछो हाल - ए - तबियत हमसे,

हम दिल में ज़ख्म, आँखें नम और हाथो में जाम लिए फिरते हैं,

जी हाँ ...
हम मोहब्बत में बर्बाद हुए फिरते हैं ।।।

7. ज़िंदा लाश

उसके शहर ने लगाए इल्ज़ाम मुझ पर,
कह के बेवफ़ा मुझे दरकिनार कर दिया,

दास्ताँ - ए - इश्क़ अब क्या ही सुनाएँ,
उसने मारा भी नहीं और ज़िंदा लाश कर दिया।।।

8. मुक़म्मल

बिन रास्ते के भी मंजिल हो,
बिन धड़कन के ज़िंदा दिल हो,

खिल जाएँ फूल जब हम मिलें,
थम जाए वक्त जब हम मिलें,

फिर उस वक्त कोई ऐसा हल हो,
मोहब्बत खत्म से पहले मुक़म्मल हो।।।

९. ये आसमाँ

मेरे शहर का ये आसमाँ, मुझे कहता है उड़ान भर,

अपनी सहमी इस आवाज को,
अब चीख के ब्यान कर,

ना तोड़ सके कभी कोई तुझे,
तू ख़ुद को यू फ़ौलाद कर,

मेरे शहर का ये आसमाँ, मुझे कहता है उड़ान भर,

अधूरी सी जो ख्वाहिशें है,
कुछ ख़्वाब जो दिल में रह गए,
तेरे पंखों में अभी जान है, कर हौंसला परवाज़ भर,

मेरे शहर का ये आसमाँ मुझे कहता है उड़ान भर।।।

10. लिखा जो सच

लिखने को लिख दूँ, मैं कायनात पूरी,
लिख दूँ मोहब्बत...ये दर्द, ये दूरी,

लिखा जो सच...

तो तुम्हें बेवफ़ा कहेंगे लोग,
वर्ना मैं लिख दूँ मेरी कहानी अधूरी ।।।

11. दिल चाहता है

तुम्हे सोच कर नग़मा लिखूँ मेरा दिल चाहता है,

हासिल चाहे जो भी हुआ, मगर मैं वफ़ा लिखूँ, मेरा दिल चाहता है,

तुम्हें ख़ुदा लिखूँ, अपनी इक दुआ लिखूँ, मेरा दिल चाहता है,

तुम पढ़ो या ना पढ़ो, ये इख़्तियार तुम्हारा,
तुम्हें हर पन्ने पर अपना लिखूँ, मेरा दिल चाहता है ।

12. हिस्सा

मिले चेहरे हज़ार, इस भीड़ - ए - दुनियाँ में,
तलाश थी जिसकी, वो चेहरा हो तुम,

ज़माना वाक़िफ़ है, मेरे सभी ऐब - ओ - गुनाह से,
मगर मेरा कोई राज़, गहरा हो तुम,

मुक़म्मल है बात, इस बात पे कि...

मेरे खामोश लफ़्ज़ो का इक हसीन क़िस्सा हो तुम,
तुम मानो या ना मानो, मेरी ज़िंदगी का हिस्सा हो तुम।।।

13. अंजाम

ना जाने मोहब्बत का क्या अंजाम होगा,
तुमसे बिछड़े तो, हाथों में जाम होगा,

जिस पर है, अब हुकूमत तुम्हारी,
फिर मेरा वो दिल बे-लगाम होगा,

पूछेगा जब कोई प्यार का मतलब, मेरे होंठों पे बस तेरा नाम होगा ।।।

14. ख़ुशनसीब नहीं हूँ

ख़ुशनसीब नहीं हूँ,
हर ख़ुशी की क़ीमत अदा की है,

जो सोची ना थी ख़्वाब में, वो ज़िन्दगी भी जी है,
देखा ग़मो का भी क़ाफ़िला, मुस्कुराहटे भी पी हैं,

क़ीमत अदा की है ...

महफ़िलो में बैठ कर तन्हाइयाँ भी जी हैं,
ख़त्म करने की ख़ुद को कोशिशें भी की हैं,

अब जो हैं चंद ख़ुशियाँ, इनकी क़ीमत अदा की है,

ख़ुशनसीब नहीं हूँ,
क़ीमत अदा की है ।।।

15. श्मशान

ज़िन्दगी का सत्य है ये,

जलती हुई आग, जिस्मों की बनती राख़,
ये रास्ता श्मशान का, है अंत यही सबके नाम का,

है कड़वा, मगर सत्य है ये,
कोई गया, तो कोई जाएगा,

कभी ना रुकने वाला सिलसिला, यू ही चलता जाएगा ।।।

16. ज़िंदगी

ज़िन्दगी ही सिखाती है,

आख़िर क्यों एक ज़िंदगी, मौत को गले लगाती है,

क्यों थक कर, लड़ कर, हार कर,
एक जान पंखे से लटक जाती है।।।

17. कैसे

हाल - ए - दिल लफ़्ज़ो में, बयान करूँ कैसे,

मिले जो ज़ख्म मोहब्बत में, उनको भरू कैसे,

मेरी तो मंजिल ही तुम हो,

छोड़ कर तुमको मैं, आगे बढ़ूँ कैसे।।।

18. ये ख़ुशियाँ

ये ख़ुशियाँ ...

मेरे घर के सामने से हो कर किसी और घर जाती हैं,
रोज़ - रोज़ बस यही दोहराती हैं,

मेरे हाल को किया बेहाल इतना,
की अब कोई पूछता है हाल, तो आँखें भर आती हैं ।।।

19. तेरे नाम से

मेरा हर सफर, तेरी गली में ही थम जाए,
मेरी धड़कनों में गूँजती रहें, तेरी चाहत की सदाएँ,

तू ही मुकम्मल जहाँ मेरा, तुझसे ही शुरू दुयाएँ,
दिन निकले तेरे नाम से, तेरे नाम से ही ढ़ल ही जाए,

भूल से भी तुझे भूल जाऊ, खुदा करे वो पल ना आए ।।।

20. तुम मेरे हो

हर पल मेरे साथ हो तुम,
तुम मेरे शाम स्वेरे हो,

अगले जन्म का पता नहीं,
इस जन्म तुम मेरे हो ।।।

21. आशिक़

मत कर कोशिश भिड़ने की, अब तन्हा ही रहने दे,

जो जली थी आग मोहब्बत की, उसको राख़ ही रहने दे,
ना सोच तू मरहम पट्टी का, ये ज़ख्म मुझे तू सहने दे,

मत पोंछो तुम अश्क़ मेरे, इन्हें स्याही बन कर बहने दे,
अब आशिक़ नहीं मैं शायर हूँ ,शायर ही रहने दे।।।

22. कोयला

मेरी मोहब्बत का ये सिला निकला,
वो मेरे दुश्मनों से मिला निकला,

जिसे समझा था कोहिनूर मैंने,
वो हक़ीक़त में कोयला निकला।।।

23. वक़्त

वक़्त... नहीं है मेरे पास, हर वक़्त यही वो कहता है,

वो वक्त वक्त पे याद करे, मेरे... हर वक्त वो दिल में रहता है,

वक़्त का ही करम है ये, जो हर वक़्त सजायें देता है।।।

24. ख़्वाबों की मरम्मत

तन्हा चलने की ज़हमत, अपने रुतबे की हिफ़ाज़त,

अपने हक़ पर हुकूमत, कुछ हासिल करने की मशक़्क़त,

गिर कर उठने की हिम्मत, टूटे ख़्वाबों की मरम्मत

ख़ुद को ही करनी पड़ती है।।।

25. मोहब्बत

उसे मेरी शिकायतों से शिकायत है,

मेरी मोहब्बत से मोहब्बत क्यों नहीं?

26. आलम

सितम ज़िंदगी ने भी किए कुछ कम नहीं,

खाई ठोकरें इतनी, कि कदम अब पत्थर हैं, कदम नहीं,

कुछ हादसे यू गुज़रे, कि रहे हम, हम नहीं,

आलम अब ये है कि,

चल रही साँस आख़िरी भी हो, तो ग़म नहीं।।।

27. मोहताज

तारों भरी वो हसीन रात नहीं रही,
दरमियाँ हमारे,अब वो बात नहीं रही,

तुम्हें जाना है तुम चले जाओ,
ज़िंदगी मेरी, अब प्यार की मोहताज नहीं रही।।।

28. कदर

ना कर अब ऐतबार की बातें, ये दुनियां है धोखेबाजों की,

चुनिन्दा दिल हैं पाक यहाँ, भीड़ मिलेगी चालबाज़ो की,

मतलब से मतलब है सबको, कोई कदर नहीं जज़्बातों की।।।

29. दर्द

ख़ामोश खड़ा किनारे पर, लहरों का कोई शोर नहीं,

ख़ुद को भी मैं पा लू फिर से, बाक़ी रहा वो ज़ोर नहीं,

टूटा हुआ इक सपना हूँ, जुड़ने का कोई तोड़ नहीं,

क्षमता नहीं है सहने की, दर्द का कोई शौक़ नहीं,

अब चाह नहीं है जीने की, मौत का कोई ख़ौफ़ नहीं।।।

30. बेवफाई

गुज़र गया वो वक़्त हसीन, अब दौर है जुदायी का,
जो रह गया बाक़ी साथ मेरे, वो साथ है मेरी परछाई का,

मुझको जिसने मिलाया ख़ुद से, हूँ क़र्ज़दार उस तन्हायी का,
दिल में राज़ दबा रखा है, उसकी बेवफाई का,

हाँ वही है करता धर्ता, मेरी इस तबाही का।।।

31. मलाल

कितना कुछ गवाया उसे पाने के लिए, मगर कोई मलाल नहीं था,

वही छोड़ देगा साथ मेरा, ऐसा भी कभी ख्याल नहीं था।।।

32. ख़ुदा

किस्सा हमारा, सरेयाम होना ही था,

उतरे थे हम आग के दरिया, ख़्वाबों को तो जलना ही था,

खेली बाज़ी ग़लत दाव पर, तय...अब हारना ही था,

हदे पार कर, की थी इबादत उसकी, उसको ख़ुदा होना ही था,

ज़ज़्बातों की दुनियां में जी रहे थे, ये खिलवाड़ होना ही था,

हाँ मगर इश्क़ किया था, ये बवाल तो होना ही था।।।

33. वक्त नें

हर हाल में जीना सीखा दिया वक़्त नें,

तनहाई में रहना सीखा दिया वक्त नें,

अपने ही अपने होते हैं,

इस झूठ से भी पर्दा उठा दिया वक्त नें।

34. बाजीराव,मस्तानी

हाँ... ख़ुद को समेटा है मैंने,

बिखरी टुकड़ो में तो लगा, अब चल नहीं पाऊँगी,
बस ये अंत है, अब और सह नहीं पाऊँगी,

फिर भी सह गई क्यूँकि, दीवानी थी उसकी,
वो बाजीराव, मैं... मस्तानी थी उसकी,

हज़ार सवालों के होते हुए भी,
इन लबों को खामोशी में लपेटा है मैंने,

हाँ... ख़ुद को समेटा है मैंने,

आँसूओ की बारिश में ख़्वाब जल रहे थे,
नहीं पता था, आस्तीन में सांप पल रहे थे,

गले लगना, गले लग कर डसना,
इत्तेफाक़ से, अपनी आँखों से देखा है मैंने,

हाँ... ख़ुद को समेटा है मैंने,

ज़िंदगी से दूर, मौत के क़रीब आ गई,
ना जाने कब, दुखों की घटा छा गई,

खुशियाँ? तो जैसे ईद का चाँद,
नहीं याद... आख़िरी कब देखा है मैंने,

हाँ... ख़ुद को समेटा है मैंने,
हम्म... ख़ुद को समेटा है मैंने।।।

35. वो शख़्स

यूँ ही चलता रहा, तो मुझे खो देगा वो शख़्स,

हाँ... मगर मुझे नहीं लगता,
मेरे मरने पर भी रो देगा वो शख़्स ।।।

36. हादसे

कुछ हादसे यूँ गुज़रे, कि हम भी गुज़र गए,

चली आँधियाँ ग़मों की, खुशियों के पत्ते बिखर गए,
वो जो थी मुस्कुराहटे, चेहरे की रौनकें,
वक़्त की बेरुख़ी से, वो सब बिखर गए,

कुछ हादसे यूँ गुज़रे, कि हम भी गुज़र गए,

जो साँसे हैं बची, वो हैं तेरे इंतज़ार की,
वरना हम तो संग उन हादसों के, कब के गुज़र गए,

साँसो की डोर, अटकी है क्यूँकि...
इन आँखों में तेरी दीद के, ख़्वाब उतर गए,

कुछ हादसे यूँ गुज़रे, कि हम भी गुज़र गए।।।

37. श्रद्धा - आफ़ताब

मैंने प्यार किया इंसान से,
ना धर्म देखा, ना ज़ात,

35 टुकड़े किए जिसने,
नाम उसका आफ़ताब,

हाँ मेरी भी गलती है,
किया जो आँख बंद विश्वास,

अब हर श्रद्धा से गुज़ारिश है,
कि परख लेना आफ़ताब को,
वो इंसान है या जल्लाद,

अब बन जाएगी सीरीज़ कोई,
या कोई लिख देगा किताब,

मगर श्रद्धा यूँ ही मरती रहेगी,
जब तक ज़िंदा है आफ़ताब,
जब तक ज़िंदा है आफ़ताब ।।।

38. श्रद्धा - आफ़ताब - 2

हम, तुम सब मौन हैं क्यूँ ?
ये सब... बेख़ौफ़ हैं क्यूँ ?

हैवानो में हिम्मत क्यूँ है ?
मौत ही प्यार की क़ीमत क्यूँ है?

39. श्रद्धा - आफ़ताब - 3

मेरा भारत महान है, लेकिन...
रहते यहाँ हैवान हैं,

मनोज, साहिल या आफ़ताब,
नाम है ऐसे बेहिसाब,

श्रद्धा, साक्षी या सरस्वती,
किसी के टुकड़े फ्रिज में तो,
कोई कूकर में है पकती,

कोई खंजर से करता 40 वार
यही है आज कल का प्यार।।।

40. ex थोड़ी हूँ मैं

तू Type कर के Delete कर दे,
कोई Text थोड़ी हूँ मैं,

भोली शक्ल से धोखा खा जाऊ,
तेरा Ex थोड़ी हूँ मैं।।।

41. मगर

हम अगर चाहें, तो ब'दुआयो से ही बर्बाद कर दें,

मगर वो शक्स, अब इतनी भी ओकात नहीं रखता ।।।

42. अब नहीं बताना

अब नहीं बताना, What i Feel.

वक़्त है ना, सब हो जाएगा Heal.

थक कर बैठ जाऊ, मैं वो शक्स नहीं,

i am Strong Enough to Deal.

43. मुकाम

मेरे ख्वाबों को मुकाम मिलेगा ज़रूर,

वक़्त ठहरेगा नहीं मगर बदलेगा ज़रूर ।।।

44. जाम

चंद पलों को ख़ुद के नाम किया जाए,

कुछ वक़्त के लिए ही सही,
ज़िंदगी को दर्द से आराम दिया जाए,

बहुत पी लिया ग़मों को,
क्यूँ ना अब थोड़ा जाम पिया जाए।।।

45. अलग हूँ मैं

अकेली हूँ दिखने में, पर ख़ुद में पूरा जग हूँ मैं,

लगती हूँ अजीब मगर, अजीब नहीं, अलग़ हूँ मैं ।।।

46. मेरा नाम

तुमने लोगों से सुना है, मेरी ज़बानी नहीं,

तुम्हें मेरा नाम पता है, कहानी नहीं ।।।

47. परछाई

देखे जो रंग ज़माने के,
तो तन्हायी अच्छी लगी,

किसी का साथ नहीं,
ख़ुद की परछायी अच्छी लगी

48. ख़ैरियत

हमें उजड़ा हुआ देख, मुस्कुरा दिया वो शक्स,

और हमें लगा... वो ख़ैरियत जानने आया है।।।

49. आँसू

हम जिन हादसों से गुज़रे,
तुम रूबरू हो नहीं पाओगे,

हाल - ए - दिल हमारा तुम,
कभी जान नहीं पाओगे,

जो दर्द छिपे हैं सीने में,
सुना दी दास्ताँ हमने,
तो आँसू रोक नहीं पाओगे ।।।

50. संभल गए है

ना यादें हैं, ना आँखों में नमी,

संभल गए है...
अब नहीं खलती तुम्हारी कमी।।।

51. इल्म न था

पहली दफ़ा की थी मोहब्बत तुमसे,

बिन ये सोचे, अंजाम क्या होगा,

थी उम्मीद... वफ़ा के बदले वफ़ा मिलेगी,

इल्म न था, धोखा होगा ।।।

52. सच्चा प्यार

आँखों ही आँखों में इज़हार कैसे करते हैं,
पास रह कर भी इंतज़ार कैसे करते हैं,

कर के फ़ना खुदके वजूद को,
मोहब्बत में जान निसार कैसे करते हैं,

आओ तुम्हें हम बतायें, सच्चा प्यार कैसे करते हैं।।।

53. दीवाने

नया दिन, नयी सुबह,
जज़्बात वही पुराने हैं,

एक अरसा हो गया बिछड़े तुमसे,
मगर, हम आज भी तेरे दीवाने हैं।।।

54. अलग है

उसको देखने से पहले,
उसको देखने के बाद,

उसी को देखने की तलब है,

वो मेरी पसंद है...
उसकी बात ही अलग है।।।

55. इंतज़ार

दिल हर वक्त बेकरार रहता है,
ज़हन में उसका ही खुमार रहता है,

हक़ीक़त है वो जा चुका है,
फिर भी उसी का इंतज़ार रहता है

हकीम भी हैरान है क्यूँकि, ना मिल रही मर्ज़ उन्हें,
सब बेख़बर हैं इस बात से, मुझे तो इश्क़ का बुख़ार रहता है,

मालूम है मुझे, वो नहीं आएग,
फिर भी उसी का इंतज़ार रहता है ।।।

56. छोड़ दें

माना ग़म हैं, तो क्या मुस्कुराना छोड़ दें,

जुदा हैं तुमसे, तो क्या तुम्हे चाहना छोड़ दें,

अब तुम ही बता दो इस उलझन का हल,

तेरे आने की उम्मीद नहीं, तो क्या हम जीना छोड़ दें ।।।

57. बदला

उसके दिए ज़ख्म भरे नहीं,
दर्द उनका अभी बाकी है,

ख़ुद को तो बदल लिया हमने,
मग़र...बदला अभी बाक़ी है।।।

58. फ़िज़ूल

तुम्हारी मनमर्जियाँ, अब कुबूल नहीं,

हम अकेले ज़रूर हैं, फ़िज़ूल नहीं ।।।

59. आना नहीं चाहते

तुम्हे जो इतनी देर लग रही है,

तुम... आना नहीं चाहते,
या...

कहीं और मुलाक़ात चल रही है।।।

60. साज़िश

संग तुम्हारे ये ज़िंदगी बहार सी लगती है,
वर्ना तो यूँ ही बेकार सी लगती है,

ये रहमत है या कायनात की कोई साज़िश,

चलो जो भी है...

अब तो ये साज़िश भी प्यार सी लगती है।।।

61. थाम लो

बिखरे हैं जो हाल, इनकी मरम्मत हो जाए,

अगर थाम लो तुम हाथ, ज़िंदगी मुकम्मल हो जाए।।।

62. शामें उदास

महफिलों में तो मुस्कुरा लेते है हम,

मगर तन्हायी में आँख भर आती है,

दिन तो गुज़र जाते है बिना तेरे,

मगर ये शामें उदास कर जाती हैं।।।

63. ग़ैर

वाक़िफ़ न थे, असली रंग से हम उनके,
हर जगह उन्हें अपना बताते रहे,

और वो गैरों की महफ़िल में, गैरों से बोले,
हम ग़ैर है उनके लिए ।।।

64. रुक से गए हैं

इन हालातो के आगे, हम झुक से गए हैं,

ज़िंदगी चल रही है, मग़र हम रुक से गए हैं।।।

65. अनजान

उस मुकाम पर थी मोहब्बत,

कि उसका नाम, मेरी पहचान हो गया,

वो जान जान कहते, मुझसे ही अनजान हो गया ।।।

66. खंजर

ग़द्दारों की दुनियाँ है, रिश्तों को दिल से मत लगाना,

हर हाथ में खंजर है, गलती से भी झुक मत जाना।।।

67. बिछड़ने

ख़्वाब में भी ख़्वाब जो आए, बिछड़ने का तुझसे,

तो छीन ले आने वाली, हर साँस खुदा मुझसे ।।।

68. क़त्ल

क़त्ल हुआ अरमानों का,
क़ातिल वही... जिसे प्यार किया,

लोगों ने समझा मैं पागल हूँ,
और इसे हादसा करार दिया।।।

69. खुदा जाने

वो जानबूझकर तोड़ता है दिल मेरा,
ना जाने आज़माता है या सजाये देता है,

कहता तो है, मोहब्बत है उसको भी,
खुदा जाने... सच है या, दिलासे देता है ।।।

70. फ़रियाद

बिन तेरे इक कतरा हूँ मैं,
संग तेरे हूँ दरिया,

ना बिछड़ूँ, ना बनू मैं कतरा,
रब से यही है अब फ़रियाद।।।

71. मेरे अल्फ़ाज़

मेरे जाने के बाद, मेरे अल्फ़ाज़ रह जाएँगे,

इन्ही अल्फ़ाज़ो में हम, अपनी कहानी कह जाएँगे,

पढ़ोगे कभी तनहाई में तुम, बनके आँसू आँखों से बह जाएँगे,

मेरे अल्फ़ाज़ रह जाएँगे,

ज़माना ढूंढता फिरेगा मिटाने को मगर, हम हर दिल में घर कर जाएँगे,

ना जिस्म होगा ना चेहरा कोई, एक रूहानी एहसास बन जाएँगे,

बनके हर्फ़, लिपट कर पन्नो मे, सदियो तक जी जाएँगे,

ज़िक्र जब भी होगा वफ़ा, मोहब्बत का,
उस वक़्त हम ही याद आएँगे,

मेरे जाने के बाद, मेरे अल्फ़ाज़ रह जाएँगे।।।

72. वो है

दिल का चोर भी वो है, पहरेदार भी वो है,
मेरी खामोशी भी वो है, शोर भी वो है,

हुए कुछ हादसे जो,

ग्वाह भी वो है, गुन्हेगार भी वो है,
अब शिकायत करे भी तो कैसे,

दुशमन भी वो है, प्यार भी वो है।।।

73. ज़िंदगी मेरी

ना मंजिल, ना कोई रास्ता है,

ज़िंदगी मेरी... उलझी सी दास्ताँ है ।।।

74. बेगानी

मेरा ख़्याल रखा कर, निगरानी नहीं,

हक़ जताया कर, मनमानी नहीं,

तेरी अपनी हूँ, बेगानी नहीं।।।

75. खो देंगे

तेरी चाहत के समंदर में,
इस हद तक ख़ुद को डुबो लेंगे हम,

कि फिर जो बिछड़े तुमसे,
तो ख़ुद को भी खो देंगे हम।।।

76. मंजिल

ये ज़िन्दगी...
कभी ख़ुशनुमा, तो कभी उदास होगी,

वक्त का पहिया घूमेगा,

कभी जीत, तो कभी हार होगी,

इम्तेहान है, मुश्किल जितना,

मंजिल भी उतनी ही शानदार होगी ।।।

77. सुनते रहो

तेरे नाम से है वजूद मेरा,
तुम जो हो, तो मैं भी हूँ,

तमन्ना - ए - दिल बस इतनी सी,
तुम सुनते रहो, मैं कहती रहूँ।।।

78. वहम

मेरी फ़िक्र उसको, मुझसे भी ज़्यादा है,

ये हक़ीक़त कम, मेरा वहम ज़्यादा है।।।

79. ज़िक्र

मोहब्बत मुलाक़ात की मोहताज नहीं होती,

तुम्हें सोचे बिना मेरी सुबह शाम नहीं होती,

ना हो ज़िक्र तेरा जिसमे, ऐसी कोई बात नहीं होती,

ना जाने क्या जादू किया तुमने मुझ पर,

अब खोया सा रहता हूँ, किसी से दुआ सलाम नहीं होती।।।

80. खिचड़ी

कमबख़्त मोहब्बत की खिचड़ी, पकती नहीं,

उनको निहारते हुए मेरी आँखे, थकती नहीं,
इक उनकी नज़र है जो, हम पर रुकती नहीं,

इधर हम बैठे हैं... जी हजूरी को मगर, हमे उनकी त्वज्जो मिलती नहीं,

थोड़ी पनाह मिल जाए बस दिल में उनके,
कोई ख़ास बड़ी तो, ख्वाहिश भी नहीं,
वो मसरूफ़ है अपनी दुनिया में, मुझ जैसो को तकती नहीं,

कमबख़्त मोहब्बत की खिचड़ी, पकती नहीं ।।।

81. लफ़्ज़ो में

मिलता है दर्द इतना जिसकी, कोई इंतेहा नहीं होती,
दिल रोता है इसमें, आँख नहीं रोती,

हों सिसकियां हज़ारों मग़र, जबाँ से आह नहीं होती,
लुट जाते है आशिक़ कितने, मगर दुनिया कभी ग्वाह नहीं होती,

हों कितने हसीन चेहरे, देखने की किसी और को, चाह नहीं होती,
बस जाए महबूब इक दफ़ा, फिर दिल में और पनाह नहीं होती,

ये मोहब्बत है अक्सर, लफ़्ज़ो में बयान नहीं होती ।।।

82. कितना प्यार

वो पूछता है हमसे, कितना प्यार करते हैं,

ख़बर है उसे भी, हम हर पल उसका इंतज़ार करते है,
उसकी हर झूठी बात पर भी, हम एतबार करते हैं,

इक जान बची बाक़ी है बस, माँग ले चाहे,
हम कौन सा उसे इनकार करते हैं।।।

वो पूछता है हमसे, कितना प्यार करते हैं,

83. महफ़िल

सुना है शिरकत की तुमने, गैरों की महफ़िल में,

ज़िकर हमारा, बात हमारी,

ख़ैर ...

हम आज भी है तेरे दिल में ।।।

84. नादान

नादान मत समझना, दुनिया का हर रंग देखा है,

कुछ अपनों को हमने, दुश्मनों के संग देखा है,

फ़रेब के बाज़ार में, मचता हुड़दंग देखा है,

बिकती हुई ज़मीरें, नक़ाबपोशी का रंगमच देखा है,

इंसानों की ख़ामोशी, पैसे का तंज देखा है,

नादान मत समझना, दुनिया का हर रंग देखा है।।।

85. फ़रवरी

ये मोहब्बत का महीना "फ़रवरी" भी कमाल है,

पहले बातें थी, अब सिर्फ़ सवाल हैं,

वक़्त का आलम तो देखो, अब तेरे होने का भी मलाल है ।

86. मर जाएं

बेहतर है ना ज़िंदा है हम,

मर जाएं तो बेहतरीन हो जाए ।।।

87. तोड़ दो

जिसे टूट कर चाहा हो,

अगर वही तुम्हें तोड़ने लग जाए,

तो ख़ुद टूटने से पहले,

वो तोड़ देगा तुमको,

उसका ये वहम तोड़ दो।।।

८८. साथ हो

अधूरे जहां में, अधूरा है सब,

साथ हो तुम, तो पूरा है सब ।।।

89. ग़ुमनाम

बहोत सोच सोचकर सोचा, कि तुम्हारा नाम लिख दूँ,

होगे तुम मशहूर मगर, मैं बदनाम लिख दूँ,

जब ज़हन में आता है, म्यार मेरी वफ़ा का,

तो कहता है दिल, तुम्हें कहानी में अपनी ग़ुमनाम लिख दूँ।।।

90. धोखेबाज़

मेरे साथ चलते चलते, ना जाने कब ख़िलाफ़ हो गया,

बातें वफ़ा की करते करते, वो धोखेबाज़ हो गया।।।

91. स्याही

मोहब्बत की डायरी, पन्ने है ख्वाबो के,
आंसुओं की स्याही और दर्द के अल्फ़ाज़ो से,

लिखूँगी मैं दास्ताँ, दिल के दरवाज़ो पे,

कभी फुर्सत से आकर, देना दस्तक तुम यहाँ,
मेरी कहानी सुनेगी फिर तुमको, शब्दों की आवाज़ो से।।।

92. क़ातिल

मेरी मोहब्बत की कश्ती के साहिल थे तुम,

मुझे बनाया भी तुमने और क़ातिल भी तुम ।।।

93. ज़रूरी था क्या

तेरा मुझसे मिलना,

और फिर मिल कर भी ना मिलना,

ज़रूरी था क्या?

94. अरे वाह

मीठी ज़बान, दिल शैतान,

अरे वाह क्या बात है,

दिल में कोई और, लबों पे मेरा शोर,
मुलाकातें कहीं और, इंतज़ार में कोई और,

अरे वाह क्या बात है,

ज़हन में फ़रेब, चेहरा मासूम,
अदाये ऐसी, जैसे नहीं कुछ मालूम,

अरे वाह क्या बात है।।।

95. गुनहगार

कहानी लफ़्ज़ो में बयान, हम कर नहीं सकते,

कुछ ज़ख्म है ऐसे, जो कभी भर नहीं सकते,

यू तो वो क़ातिल है, मेरे अरमानों का,
मुक़द्दमा उसके ख़िलाफ़, फिर भी कर नहीं सकते,

मोहब्बत की कचहरी में है बोलबाला उसका,
गवाही उसके ख़िलाफ़ हम भर नहीं सकते,

था गुनहगार , गुनहगार ही रहेगा,
इस जन्म में तो माफ़ हम कर नहीं सकते,

कहानी लफ़्ज़ो में बयान, हम कर नहीं सकते।।।

96. उससे

उससे है मोहब्बत, उसे ही बताना नहीं है,

क्यूंकि, चाहतो का अब वो ज़माना नहीं है,
सच्चे दिल से कोई किसी का दीवाना नहीं है,

उसे चाहत है किसी और की, मालूम है मुझे
नहीं हूँ ख़ुश इस बात से, मुझे ये जताना नहीं है,

हूँ इस क़दर दीवाना उसका, कि ...

उससे है मोहब्बत, उसे ही बताना नहीं है।।।

97. बेवफ़ा

किसी और की ख़ातिर, वो हमको छोड़ गया,
उसका जाना दिल झिंझोड़ गया,

ज़िंदा रहेंगी दिल में यादें उसकी,
वो बेवफ़ा तो बीच रास्ते छोड़ गया।।।

98. बेख़बर

उसके धोखे की मुझको ख़बर है,

और इस बात से वो बेख़बर है ।।।

99. तेरी रज़ा

तेरी ही रज़ा हो फिर क्या कहना,

वर्ना मुझे तुझसे जुदा कर दे, ज़माने में दम कहाँ।।।

100. क़लम

यही सुर, यही संगीत, यही सुरीला साज़ है,

कलम...

कलम ही ताक़त है मेरी, कलम ही आवाज़ है ।।।

www.ingramcontent.com/pod-product-compliance
Lightning Source LLC
Chambersburg PA
CBHW050530240926
51846CB00003B/766
9789375100065